白と黒で垢抜けた私の10のルール

THE KANDAMA MONOTONE STYLE BOOK

KADOKAWA

“SHIROKURO” Everyday!

生きる理由。

アパレルディレクターの私服、というと多種多様な服がたくさんの
ワードローブを想像されがちですが、私のクローゼットの中はほぼ白黒。
私にとって、おしゃれは気分よく生きるために欠かせないものですが、
同時に、コーデが決まらず悩んでしまうと、ゲンナリ。
そんな私が、毎日心地良く自分が好きな自分でいるために
たどり着いた、シンプルな白黒コーデのお話。

アパレルディレクターのかんだまが、

365日、白黒で

Why do you like "SHIROKURO"?

Answer 1

簡単に
カッコよく決まる
白黒が
好きだから。

服が大好きで、
服に助けられたから
憧れのアパレル会社に入社できたときは
本当にうれしかったです。

でも、色とりどりのおしゃれに囲まれるなかで
毎日違うコーデを作るのが、しんどいな、と思う日も。
今日のおしゃれは○と思える日と
意外ときまらず今日は×だな、と思う日がありました。

そこで出会ったのが、一着の服を長く愛する男性社員。
その人は、1つのアイテムを心底愛していて
同じものを着つつも、毎日少しずつ
雰囲気を変えて、おしゃれを楽しんでいました。

「これだ。」

私のこれからのおしゃれは
たくさんの服を持って、
毎日まったく違うコーデをすることじゃない。

好きなものを
とことん愛していこう。
そう決めたんです。

白と黒なら

Why do you like "SHIROKURO"?

Answer 2

私のおしゃれの軸ってなんだろう。
そういえば、小さい頃から母の趣味で
白黒の服をよく着ていた。
だからなのか、昔からシンプルに黒が好き。

自分ってどんな人になりたいんだろう。
安室ちゃんやオードリー・ヘプバーンのような
凛とした強さ、憧れる。

気づけば、自然と答えが出ていて
クローゼットの中は、黒だらけ。
白い服は黒の相棒として必然的に増えていました。

白と黒は流行に左右されない、
ベーシックな色。
頑張らなくても、きまる色。
おしゃれをラクにしてくれる色。
装飾次第で、ガラッと変わる色。

清潔感があって、オンの場所で外さない色。
でも、甘くも辛くも見せられる色。

どんなコーデも受け止めてくれるから。

たまに着たくなるエッジの効いた
デザイン服も
びっくりされずにまとめてくれる懐の深い色。

365日、白と黒を楽しもう。

メガネは最近仲間入りした縁が透明なものをかけて、抜け感を。髪はボブくらいにカットしたので、パパっと低めの位置に結んでよりマニッシュな装いにするのが気分です。

2020
SPRING

2020 年春の、ほぼ同じコーデの写真がこちら。髪がロングだったのでお団子に、メガネも黒縁に。眼鏡と髪が違うだけで、一気に雰囲気を変えられるのも白黒コーデの楽しみ。

2021
AUTUMN

Why do you like "SHIROKURO"?

Answer 3

白と黒で制服化してもおしゃれを楽しめるから。

いまっぽいディテールは取り入れたい。
エッジの効いたおしゃれも好き。
行く場所に合わせて、装いを変えるのは楽しい。
でも、様々な服を着るのは
私のおしゃれの定義とは違う。

そんな私が選んだ心地いい服たちは
ほぼ白黒に絞られ、気づけば制服化されていた。

でも、その日の気分やTPOに合わせて
ヘア、メイク、ちょっとしたディテール、
小物で装い方を変えれば、おしゃれ心も満たされる。

精鋭だけ集まったクローゼットができていて
朝、限られた時間の中で、
その日の自分にフィットする装いを
効率よく、選び取ることができるようになった。

白黒の軸ができてから、
×の日はなくなって
毎日のおしゃれに○をつけられる
自分でいられるようになりました。

CONTENTS

人物撮影 永谷知也（willcreative.inc）
静物撮影 内田優子
スタイリングアドバイザー 徳山智代
メイク 松本晃幸（Rooster）
ヘア 石井恭介
ブックデザイン 佐藤ジョウタ+香川サラサ（iroiroinc.）
校正 麦秋アートセンター
編集協力 小塚祐子
編集 竹内詩織（KADOKAWA）

CHAPTER 1

10 RULES

KANDAMA —— BLACK & WHITE

365日 白黒コーデですごす かんだまの10ルール

私はいわゆるモデル体型ではないし、特別手足が長いわけでもありません。しかも私の肌には、大好きな「黒」が似合わないらしいんです。でも服が好きだから、白と黒が好きだから、日々試行錯誤しながら白黒ファッションを楽しんでいます。
20代の前半は、その年の流行服に飛びついていた時期もありました。でも、毎日印象をガラッと変える必要なんてないし、自分が好きなものを心地よく着られればいい。そう思って大好きな白と黒の服を身につけていると、周りの方から褒められるようになりました。私自身が学んだこと、気づいたことをまとめた「10ルール」が、少しでも読んでくださった方のおしゃれのヒントになると嬉しいです。

Rule. 01

一生ものの黒ジャケットこそ最強の相棒

はじめてジャケットを買ったのは、20代が終わる頃、仕事で行ったイギリスです。海外出張でテンションが上がっていたこともあり、会社の先輩方と一緒に入ったメゾン マルジェラで、上のグレーのジャケットを試着しました。その袖を通したときの衝撃は、いまでも忘れられません。肩まわりのフィット感、やさしく体を包む感覚、息苦しさがまったくなく、まるで自分のために作られた服のようにスタイルよく見えたんです。こんなに素晴らしい服があったのかと感動した私は、数年後、再びマルジェラで2着目の黒ジャケットを買っていました。

それ以降、カジュアル系が多かった私のコーデに「大人っぽさ」や「カッコよさ」、「きちんと感」などの厚みが加わった気がします。ジャケットとの出会いは、新しい自分との出会いでもあると思うんです。

上質なジャケットが着こなしの格を上げる

年齢を重ねるごとに、仕事でもプライベートでもジャケットを着る機会が増えてきました。プチプラも大好きな私ですが、コーデ全体の格を上げるジャケットを1枚持っていると、どんな場に出ていくときも安心です。

jacket - **Maison Margiela** T-shirt - **GU**

タイトスカートで
辛めに仕上げるのが私の定番

jacket - **Edition**
skirt - **SLY**
T-shirt - **GU**
bag - **BALENCIAGA**
shoes - **NIKE**
glasses - 金子眼鏡×**UA**

エディションのジャケットに、前スリットのタイトスカートを合わせる「ザ・かんだまコーデ」。大人のカッコよさを目指す、いまの私にいちばんフィットしたお気に入りのコーデです。足元はカジュアルなものを合わせて、ラフさをプラス。仕事はもちろん、ヘアをゆるめればプライベートでも着られる、意外と万能な組み合わせです。

甘めワンピースと合わせれば また新しい表情に

「ジャケット＝カッコいい、お仕事モード」というイメージですが、甘めのワンピースと組み合わせればドレッシーな着こなしも可能に。オペラやバレエ、少し敷居の高いレストランなど、20代ではあまり縁のなかった場所に行くときも、上質なジャケットは心強い味方です。

jacket - **MARW UNITED ARROWS** [1]
one-piece - **MOUSSY**
belt - **urself**
bag - **GUCCI**
shoes - **JIL SANDER**

MORE STYLE

JACKET

黒のセットアップは1着あると着回しが無限大

jacket - **MARW UNITED ARROWS** [1]
pants - **MARW UNITED ARROWS** [1]
T-shirt - **Edition**
bag - **SLY**
shoes - **Maison Margiela**

ジャケットの着こなしに慣れていない場合は、セットアップから挑戦するのもおすすめ。なぜなら、インナーをTシャツから襟つきシャツに替えるだけでもイメージが変わるし、それぞれ単品でコーディネートに取り入れることもできるから。私の場合はプリントTシャツをインして袖をまくり、カジュアルに着崩すスタイルが好きです。

MORE STYLE

JACKET

白のワイドパンツで上品カジュアルに

jacket - **MARW UNITED ARROWS** [1]
T-shirt - **ESTNATION**
pants - **LOEFF** [5]
bag - **SLY** [13]
shoes - **SLY**
necklace - **CITY**

ジャケットといえば「お仕事モード」と、つい考えてしまいがちですが、なんでもない日にカジュアルに着るには、白のワイドパンツを合わせて。ほどよい大人っぽさとカジュアル感で、女友だちと食事に出かけたりするのにも最適。全体のシルエットが四角くガッチリ見えないように、腕と足先を出して抜け感を作るのがポイントです。

ハーフパンツと合わせれば自転車通勤もできる

jacket - **Maison Margiela**
tops - **SLY**
pants - **EGOIST**
bag - **DRESSEDUNDRESSED**
shoes - **The Row**

ライフスタイルの変化に伴い、仕事の日も自転車で移動することが増えました。そのせいか「自転車に乗れる服かどうか」が、スタイリングの重要なポイントになることも。このコーデは、アクティブだけどラフすぎないので、仕事の打ち合わせに行くときも活用しています。ジャケットと靴にボリュームを持たせると、脚もスッキリ見えるので安心です。

Rule. 02

白シャツはオーバーサイズがちょうどいい

白黒コーデに欠かせないアイテムを１つだけ選ぶとしたら？　と聞かれたら、結局は「白シャツ」と答える気がします。私のコーデにとって白シャツは、それくらい大事なキーアイテム。エレガントからカジュアルまで幅広い着こなしを楽しめるのはもちろん、冬はインナー、夏は羽織って――と、１年中使えるのも大きな魅力です。とくに私が好きなのは、少しオーバーサイズ気味のバンドカラー（短い立ち襟）のシャツ。私は襟のないデザインを重宝していますが、もちろん襟のあるシャツだってOK。型違いで何着か持っていても、決してタンスの肥やしになることがない万能アイテムです。

shirt - **MARW UNITED ARROWS** [1]
pants - **MARW UNITED ARROWS** [1]
bag - **DRESSEDUNDRESSED**

オーバーサイズなら白シャツだってアクティブに

白シャツといえば、きれいめ。でもオーバーサイズ気味のシャツなら、裾をアウトにするだけでラフな印象になり、カジュアルコーデにもハマります。また、シャツ特有の上品さや清潔感のおかげで、リュックやスニーカーと合わせてもラフになりすぎず、大人っぽく仕上がるんです。

ボリューム袖は
華奢見えの最強アイテム

フェミニンなスタイルが好きなら、バルーンスリーブのシャツもいいですよね。二の腕や上半身のボリュームをカバーしながら、“華奢見せ”できるのが最高。今回はコクーンシルエットの黒スカートを合わせて、モード感漂うクラシカルなコーディネートにしてみました。

shirt - **MARW UNITED ARROWS** [1]
skirt - **MARW UNITED ARROWS** [1]
bag - **LONGCHAMP**
shoes - **Maison Margiela**

夏に「ノースリーブを着たいけど二の腕が気になる」とか「外は暑いけど部屋は冷房で寒い」なんてときにサッと羽織れるのも、白シャツのいいところ。羽織らないときは肩や腰に巻いておけば、荷物にもなりません。

サラッと1枚羽織れば
アウター代わりにもなる

shirt - **RIM.ARK**
all-in-one - **MOUSSY**
tank top - **H BEAUTY&YOUTH**
bag - **SLY**
shoes - **BLACK BY MOUSSY**

MORE STYLE

WHITE SHIRT

白シャツ×ニットのレイヤードなら簡単に〝こなれ感〟が出る

shirt - **STYLEMIXER**
knit - **STYLEMIXER**
pants - **MOUSSY**
glasses - **MOUSSY**
bag - **RIM.ARK**
shoes - **The Row**

シンプルな白シャツ×黒パンツの組み合わせもいいけれど、ショート丈の黒ニットを合わせると、おしゃれ感がアップ。白シャツでほどよい軽さが出て、全身がすらっと見える効果も。ニットとシャツの異素材感もポイントです。

MORE STYLE

WHITE SHIRT

← SWITCH →

ロングベストを重ねて辛口テイストをON

shirt - **MARW UNITED ARROWS** [1]
vest - **ZARA**
skirt - **UNIQLO**
bag - **GUCCI**
shoes - **JIL SANDER**

白シャツは、コーデのスパイスになる黒ベストとも好相性。ボトムまでクールな黒パンツだとマニッシュ要素が強すぎるので、ティアードスカートを合わせてバランスを取っています。カジュアル×きれいめ、フェミニン×マニッシュ、すべての要素をまとめられるのも「白シャツ」の懐深さだと思います。

カーディガンを着るようにシャツを羽織ったっていい

shirt - **MARW UNITED ARROWS** [1]
knit - **TOPSHOP**
pants - **RIM.ARK**
bag - **BALENCIAGA**
shoes - **BLACK BY MOUSSY**

普通だったらカーディガンやニットを合わせるかな、というコーデにも白シャツは使えます。アウターとして活用する場合は、綿100%のシャツだとシワになりやすいので、ポリエステル特有のハリのある質感、かつシワになりにくいものを選ぶのがコツ。コートを羽織れば、冬まで活用できます。

Rule. 03

スタイルアップの秘訣は「黒の使い方」と「ライン作り」

私は学生時代、激しいダイエット（そしてリバウンド）を繰り返すほど、強い体型コンプレックスに苛まれていました。でも、あるとき「体型って服でごまかせるじゃん」って気づいたんです。どんな服でもカッコよく着こなすモデルじゃないんだから、自分が好きな服を好きなように着られればいい、と半分開き直ってファッションを楽しみながら、“自分らしい着やせ”にたどりつきました。白は膨張色ですが黒は引き締めカラーなので、うまく組み合わせれば誰でも『着やせのマイルール』ができるはず。私の場合は広い肩幅と短い脚が目立ちやすいのですが、あえて上半身のガッチリ感をいかす「上ボリューム」や、縦の長さを強調する「Iライン」を基本にしています。これまでの経験で身につけたテクニックが、少しでもみなさんのお役に立ちますように。

all-in-one - **SACRA** [10]
T-shirt - **MUJI**
necklace - **LAURA LOMBARDI** [8]
bracelet - **LAURA LOMBARDI** [8]

脚をすっきり細く見せるには セミフレアパンツ

leather shirt - **FREE'S MART**
knit - **MARW UNITED ARROWS** [1]
pants - **MARW UNITED ARROWS** [1]
bag - **DRESSEDUNDRESSED**
shoes - **Acne Studios**

膝周りがピタッとしたセミフレアパンツは、脚のコンプレックスをカバーする優秀アイテム。ヒールを合わせればより脚長に、ボリュームシューズを合わせれば脚を細く見せられます。お尻を隠せる丈長トップスと合わせれば、着やせは完璧。白のインナーやシューズで適度な抜け感を作ると、さらにスマート。

まるっと体型を隠すアイテムは
メリハリを意識する

オーバーシルエットのアイテムで、体型をカバーするのもひとつの手段。ポンチョのように上半身にボリュームが出る服は、黒スキニーを合わせるのがおすすめです。それでも「ボリュームが気になる」という場合は、大ぶりのピアスを合わせて。肩まわりに視線が集中するのを防ぎ、小顔効果も狙えて一石二鳥です。

poncho - **SLY** [13]
pants - **MOUSSY**
pierce - **THROW by SLY**
bag - **VASIC** [9]

STYLE UP

襟のVラインとストライプで きれいめ着やせスタイル

shirt - **DESIGNERS, REMIX** [6]
pants - **STYLEMIXER** [13]
bag - **LONGCHAMP** [14]
shoes - **SLY**

着やせの“ライン”を作るアイデアのひとつに、ストライプのアイテムを選ぶという小技があります。このシャツは細かいストライプ、しかもV字の大きな襟がついているので、着るだけで縦ラインが作れる優れもの。袖をまくったりサンダルを合わせたりして適度に肌を出すと“抜け感”も生まれ、華奢見え効果が倍増します。

MORE STYLE

STYLE UP

鮮やかな色の肩掛けニットで視線をそらす

tank top - **H BEAUTY&YOUTH**
knit - **MARW UNITED ARROWS** [1]
pants - **MARW UNITED ARROWS** [1]
shoes - **RIM.ARK**
bag - **A VACATION** [11]
hat - **STYLEMIXER**
bracelet - **Adawat'n Tuareg** [8]

二の腕や肩のボリュームを隠すには、「肩掛けニット」もおすすめ。とくに色鮮やかなニットを使うと、そちらに視線が集中するため、コンプレックスが目立ちにくくなります。白黒コーデに追加すれば、視線外しの効果はさらに抜群です。

ボリューム袖×フレアスカートで流れるXラインをつくる

shirt - **AZUL BY MOUSSY**
skirt - **VONDEL** [11]
pierce - **PREEK** [10]
bracelet - **LAURA LOMBARDI** [8]
bag - **VASIC** [9]
shoes - **ZARA**

スタイルアップ方法として「ふんわりシルエットNG」という考え方もありますが、上下ふんわりしたシルエットで体型を隠し、ウエストだけ締める「Xライン」なら“あり”だと思います。首・手首・足首の3つの首の素肌を見せるとメリハリができ、全体的に華奢な印象を与えられます。

Rule. 04

個性的なアイテムこそ白黒で取り入れる

エッジの効いたアイテムに心惹かれても、結局何を合わせていいかわからず買うのをやめたり、たとえ買っても着る機会が全然なかったり……そんな経験、ありませんか？　私も昔はよくありました。でも白や黒のアイテムを選べば、意外と個性的なデザインでも失敗しにくいんです。なぜなら、普通の白いTシャツや黒ニット、スカート、パンツといった定番アイテムとの相性がいいから。私の場合は「コーデが３つ以上思い浮かんだら買ってよし！」と決めています。さらに、スニーカーやフラットシューズに合わせられたら文句なし。鮮やかな色物はコーデを考えるのもひと苦労だけど、手持ちも白黒、買い足すアイテムも白黒なら想像するのは簡単。これは大丈夫、これは止めておこう、という判断がしやすいんです。

コレクションラインの服を
あえてスポサン合わせで着る

ひとめ惚れして買ったエンフォルドのコレクションラインのワンピース。とても高価だったけど、そのままドレッシーに着てもいいし、スニーカーやカラートップス、タートルネックなどを合わせてもいいし、体型が変わっても着られるゆとり感(!)もある。絶対に長く着られるだろうと踏んで購入し、相当気に入っているアイテムのひとつです。

one piece-**ENFÖLD**
shoes-**KEEN**

メンズライクなシャツは 全身メンズで男前に着こなす

shirt - **THROW by SLY** [13]
pants - **UNIQLO**

メンズテイストの個性的なシャツは、ユニクロのメンズパンツと合わせてマニッシュに。全体のトーンをカチッと“メンズ縛り”で統一したので、シャツの片側だけ出して少し着崩しています。たまに非日常感のあるアイテムを着ると、いつもと違うスイッチが入って楽しいですよね。

ボリューム×ボリュームアイテムも白と黒なら締まる

outer - **LAGUA GEM** [13]
shirt - **BLACK BY MOUSSY** [13]
pants - **STYLEMIXER**
bag - **LASTFRAME** [11]
shoes-**The Row**

前スリットのレザーパンツは、ちょっと太めのシルエットなので、トップスをインして華奢なシューズを合わせてバランスを取っていました。でもあるとき「思いきってボリュームのある靴と合わせても可愛いかも?」と思ったんです。ただ、着ぶくれが気になるので、カラーや素材でメリハリを出すよう心がけています。このように新しい組み合わせを発見することも、おしゃれの楽しみのひとつです。

MORE STYLE

EDGE ITEM

モードなアイテムは定番カジュアルと合わせるのがコツ

jacket - **SLY** [13]
T-shirt - **UNIQLO**
skirt - **HeRIN.CYE** [13]
bag - **CASSELINI** [10]
shoes - **Acne Studios**

レザージャケットは個性的なスカートと組み合わせて、思いっきりクールに。それだけだと近寄りがたい雰囲気になってしまうので、スニーカーやユニクロのプリントTと合わせて、ちょっとラフな抜け感をプラス。手持ちの定番カジュアルと合わせれば、一見難しそうなアイテムも、驚くほど親しみやすくなるんです。

MORE STYLE

EDGE ITEM

ビスチェがあると平凡コーデも見違える

bustier - **SLY**
knit - **MARW UNITED ARROWS** [1]
pants - **MARW UNITED ARROWS** [1]
bag - **RIM.ARK**
bungle - **UNITED ARROWS** [11]
shoes - **Maison Margiela**

10代の頃から大好きなアイテムのひとつが「ビスチェ」。個性的なアイテムだけど、透けトップスのインナーとしてなら、初心者さんでも簡単にビスチェコーデを楽しめるはず。慣れてきたら、このようにニット×パンツなどの定番コーデにプラスしてみて。

個性的なボトムスはTシャツと相性抜群！

T-shirt - **BLACK BY MOUSSY**
pants - **ENFÖLD**
bag - **BALENCIAGA**
shoes - **KEEN**

個性的なサルエルが主役のコーデ。今回はアートっぽいプリントTを合わせましたが、無地トップスからロゴTまで何を合わせてもOK。存在感があるアイテムは、それだけでコーディネートを成り立たせてしまうミラクルなアイテムです。

Rule. 05

プチプラは素材感と色味で厳選する

shirt - **UNIQLO** tank top - **GU**

ベーシックアイテムは透ける素材が狙いめ

このシャツはユニクロですけど、全然プチプラに見えなくないですか？　高見えのポイントは、ずばり「透ける素材」。ひとクセある素材は、不思議と値段も高く見える気がします。シースルー素材に抵抗がない人は、ぜひプチプラで探してみてください。

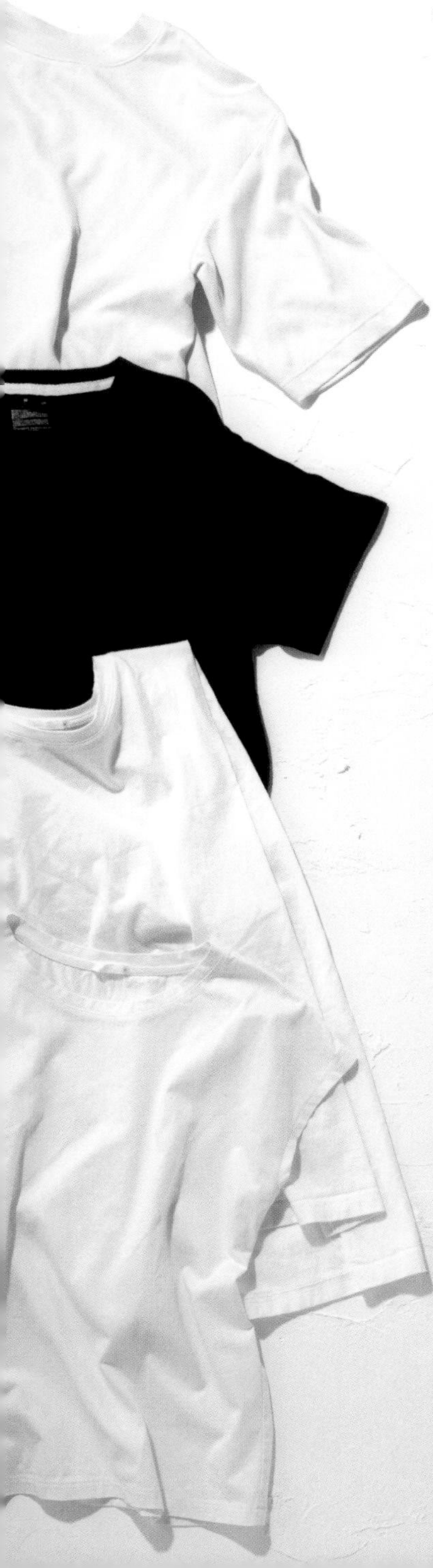

お気に入りの小物やアクセサリーさえあれば、服はオールプチプラでOK！　なぜなら、白黒はプチプラでも安っぽく見えないから。——とはいえ、さすがに白と黒なら何でもいいわけではありません。少しでも高見えするよう、「光沢感」や「ハリ」のある素材を選ぶのがマイルール。何かしらルールが決まっていれば、買いすぎも防げるのでおすすめです。実際にユニクロなどでショッピングをするときは、メンズのほうが白黒の充実度が高いので、まずはメンズをひと通り見てからレディースをチェック。トップスだけでなく、ボトムも結構メンズで買います。お尻のサイズに合わせて買って、ボタンや裾をお直しすれば（使っている道具はP.45参照）、いまっぽいシルエットに仕上がります。

shirt - **UNIQLO**
pants - **UNIQLO(men's)**
belt - **STYLEMIXER**
bag - **BALENCIAGA**
shoes - **SLY**

プチプラのグレーは チャコールグレーが失敗知らず

グレーは肌がくすみやすく、モノトーンの中でも難しい色。プチプラでグレーを買うなら、見た目の可愛さよりも自分の肌になじむ色を選んで。もし、自分に似合うグレーがわからない場合は、フォーマルな印象で高見えするチャコールグレーがおすすめです。

ユニクロのメンズTシャツはひとクセ加える

ゆったりした無地のメンズTは、マニッシュなコーデに仕上げました。ユニクロのメンズラインは、少し青みがかった白だから好き。しかも大きめシルエットだから、気になる二の腕や肩まわりもカバー。ただ、1枚で着ると肌着感が出てしまうので、ベストや小物などでひと癖プラスしたコーデを楽しんでいます。

T-shirt - **UNIQLO(men's)**
vest - **ZARA**
pants - **ZARA**
bag - **UNITED ARROWS** [11]
shoes - **BLACK BY MOUSSY**
necklace - **CITY**

MORE STYLE

PETIT PRICE

ハリ感のある素材なら
プチプラのコートもカッコいい

coat - **UNIQLO U(men's)**
T-shirt - **GU**
pants - **ZARA**
bag - **DRESSEDUNDRESSED**
shoes - **adidas**

ユニクロで見た瞬間「これは使える!」と思ったコート。生地にハリと光沢感があり、色もチャコールグレーなので完璧です。ちなみにインナーとして使ったGUのTシャツは、ハリと光沢感があるので、きれいめコーデとも相性がいい1枚。気に入りすぎて、白・黒・ネイビーと3色も買ってしまいました。

MORE STYLE

PETIT PRICE

オフィススタイルは光沢感のある素材でシックにまとめて

shirt - **UNIQLO+J**
knit - **MARW UNITED ARROWS** [1]
pants - **ZARA**
shoes - **l'Adonis** [10]
bag - **UNITED ARROWS** [11]

シャツもパンツもプチプラですが、光沢やハリのある素材で統一しています。インナーにタートルニットを合わせると、シックな通勤スタイルに。重ね着のときは、シャツの袖だけまくると“こなれ感”が出るのでおすすめです。

見つけたら押さえたいシャーリング素材の黒スカート

knit - **Ungrid** [7]
T-shirt - **UNIQLO**
skirt - **UNIQLO**
necklace - **LAURA LOMBARDI** [8]
shoes - **JIL SANDER**
bag - **BALENCIAGA**

このユニクロのスカートは、ツヤのあるシャーリング素材がポイント。スカートが主役なので、トップスは白系でシンプルにまとめました。一方、靴やバッグには主役と同じ“ツヤ系の黒”を選び、散漫な印象にならないようにしています。

上がるお助けアイテム

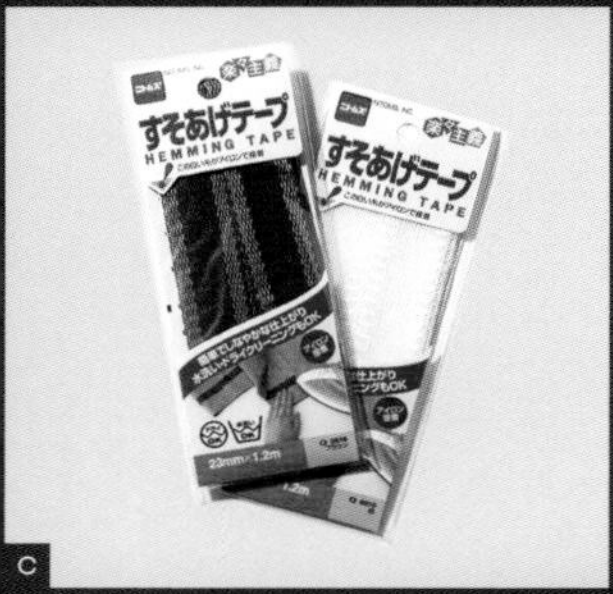

C

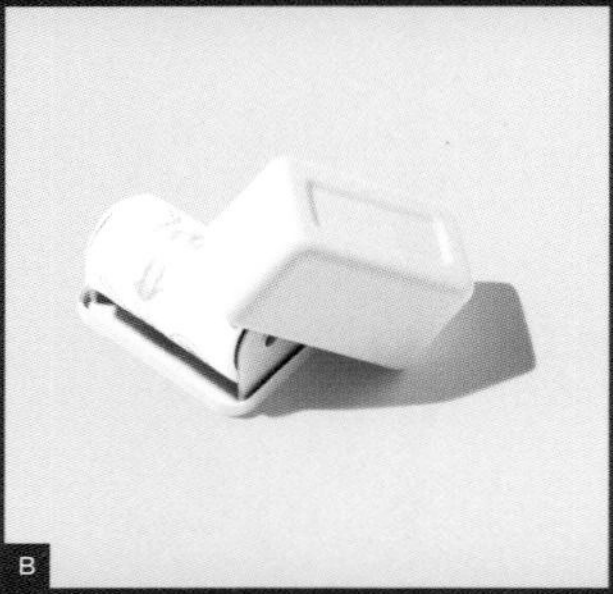
B

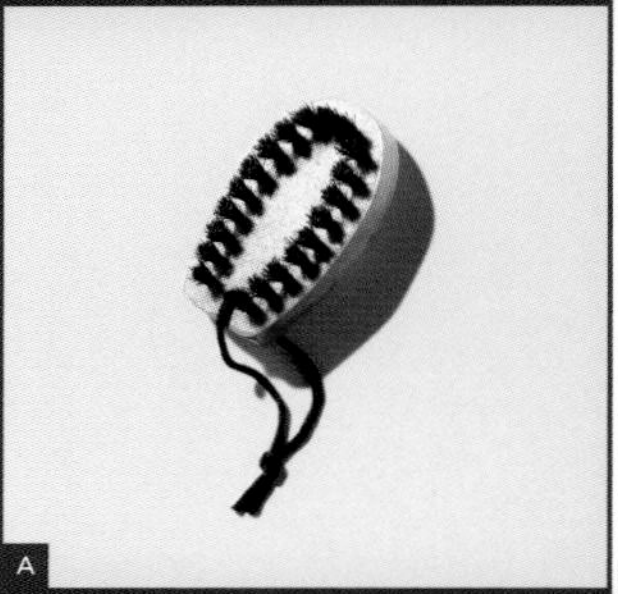
A

ちょっとした「ひと手間」で、完成度が格段に上がる

Ⓐ **毛玉取りブラシ**：電動式は生地を傷めたり、衣服に穴を開けてしまったりするのが玉にキズ。その点、ブラシ式なら生地を傷めることなく毛玉を取り除けます。また時間をかけて手入れすることで、服をより大切に着たいと思えるところも。／Ⓑ **洋服用粘着式クリーナー**：黒の服が多いので、手軽にホコリやゴミを除去するクリーナーは必需品。出かける前も使いますし、携帯して外出先でも使います。／Ⓒ **裾上げテープ**：パンツやスカートの裾上げをするときは、これ。アイロン式だから、自分で簡単にサイズ直しができるんです。

白黒服に欠かせない!

着こなしクオリティが

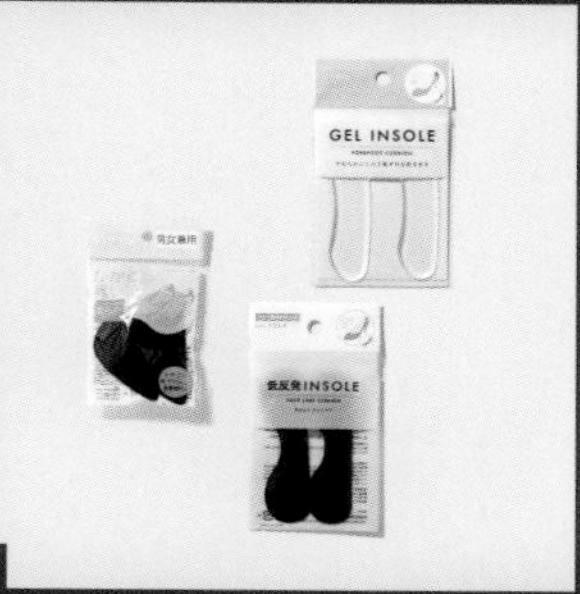

F

E

D

プチプラが好きだから、簡単な「お直し」もしちゃいます

D **タックボタン**：ボトムはお尻のサイズに合わせて買うため、ウエストのサイズが合わないことも。そんなときは、これでお直し。自分のサイズに合った位置につけ替えるだけ。そのまま挿し込めるピンがついているので便利です。／E **パンプスバンド**：サイズが微妙に大きいパンプスにはこれ。パカパカ浮くのを簡単に押さえられ、透明なので目立ちません。ダイソーで購入。／F **かかとクッション**：しっかり試着をして買っても、靴擦れになることってありますよね。そんなときのために、靴の便利グッズは、100均でまとめ買いして、常にストックしています。

黒デニムの
スキニー

アンクル丈の
ストレート

Rule. 06

基本365日
24時間「黒ボトム」

きれいめワイド

白よりも黒、スカートよりもパンツが好き。だから「黒のパンツ」は、私のコーデに欠かせない基本中の基本アイテムです。何より黒のパンツは、トップスを選ばない、季節を選ばない、オンオフどちらにも使える万能アイテム。とくに黒スキニーは、トップスを選ばないという点で傑出しています。でも唯一の弱点が、カジュアルすぎてオフィスシーンで使いにくいこと。ゆえに、その弱点を補う「きれいめワイド」や「アンクル丈のストレート」を持っておけば、いつでもどこでも完璧です。この3本さえあれば、実は365日24時間、着まわせてしまうのでは……とすら思うんです。

(右から)
pants - **MOUSSY**
pants - **UNIQLO**
pants - **MARW UNITED ARROWS** [1]

きれいめワイド の活用術

ワンピースと重ねて
大人のカッコよさをプラスする

個性的なワンピースと合わせてスタイリッシュに。全体的にボリュームが出るコーディネートなので、足元にはサンダルを合わせ、素肌を見せることで抜け感を作っています。ワンピースと合わせるなら、スキニーよりもワイドのほうが"今っぽい"気分に。

one-piece - **MARW UNITED ARROWS** [1]
pants - **MARW UNITED ARROWS** [1]
bag - **UNITED ARROWS** [11]
shoes - **SLY**

ベルトをアクセントに ご近所スタイルをアップデート

近くの駅ビルまでショッピングに行くときの気軽なスタイル。頑張っていないラフな感じですが、ボトムスが「きれいめワイド」だから清潔感もあり、ほどよくスタイリッシュな雰囲気になります。

T-shirt - **Edition**
pants - **MARW UNITED ARROWS** [1]
belt - **STYLEMIXER**
bag - **MM6**
shoes - **BLACK BY MOUSSY**

黒デニムのスキニー の活用術

きれいめトップスと合わせれば甘×辛ミックスも簡単

shirt - **BLACK BY MOUSSY**
pants - **MOUSSY**
necklace - **PREEK**[10]
shoes - **BEAUTY&YOUTH**[11]
bag - **LONGCHAMP**[14]

ミックスコーデは、おしゃれの基本テクニック。カジュアルな黒スキニーも、フリルのついたきれいめ白トップスと合わせれば、簡単におしゃれに見える王道の“甘辛ミックスコーデ”が完成。

ケーブルニット×シャツのレイヤードをカジュアルに

knit - **RIM.ARK**
shirt - **MARW UNITED ARROWS**[1]
pants - **MOUSSY**
glasses - **3coins**
bag - **BALENCIAGA**
shoes - **adidas**

トラッドなニットにシャツをレイヤードして、スニーカーでカジュアルに。全身黒のコーデですが、ニットとデニムの異素材感や、裾からのぞかせる白シャツでアクセントをつけています。

アンクル丈ストレートの活用術

定番のオフィスコーデこそアンクル丈でシックに

coat - **MARW UNITED ARROWS** [1]
shirt - **MARW UNITED ARROWS** [1]
pants - **UNIQLO**
belt - **STYLE MIXER**
bag - **RIM.ARK**
shoes - **UNITED ARROWS** [11]

オフィスでは、アンクル丈のストレートが大活躍。パンプスを履いたときに足先が美しく見えるので、コーデ全体のバランスがよくなるうえ、知的で清潔感のある印象を与えられます。

スエットに〝きちんと感〟をプラスできる

sweatshirts - **MARW UNITED ARROWS** [1]
T-shirt - **BLACK BY MOUSSY** [13]
pants - **UNIQLO**
glasses - **MOUSSY**
bag - **DRESSEDUNDRESSED**
shoes - **NIKE**

失敗すると寝起き姿に見えるスエットも、「黒ストレート」と組み合わせれば大人のカジュアルスタイルに。インナーに着ているロンTの裾や袖をチラ見せして、こなれ感を出しています。

Rule. 07

甘い黒、甘すぎない白を意識する

YouTubeの視聴者さんから「デートのときは、どんな白黒コーデがいいでしょう？」と質問をいただくことがあります。確かに白黒コーデって、あまりデート服の印象がないですよね。そこで、私なりに白黒服のデートコーデを考えてみました。好きな人に会うときの服って、やっぱり特別。でも相手を意識するからといって、媚びるような服はイヤ。あくまでも自分らしさを損なわず、楽しい時間を共有するための服がいいから、テーマを『甘い黒、甘すぎない白』としました。クールな印象の黒はちょい甘く、反対に甘いイメージの白は、少々控えめに。スタイリングを組むにあたり、“ちょっといい感じの人と会う日の服”をイメージしています。もしよかったら、次のデートの参考にしてください。

tops - **beautiful people**
skirt - **LESS**
bangle - **UNITED ARROWS** [11]
bag - **BALENCIAGA**
shoes - **SLY**

「透ける黒」は大人の甘さを盛りやすい

黒を大人っぽく、しかも可憐に着こなすには、シースルー素材がおすすめです。なぜなら黒のシャープで冷たい印象が薄まり、やわらかくやさしい雰囲気になるから。デートやパーティなどの特別なシーンにも合うスタイルです。

Rule. 07

SWEET BLACK, NOT TOO SWEET WHITE

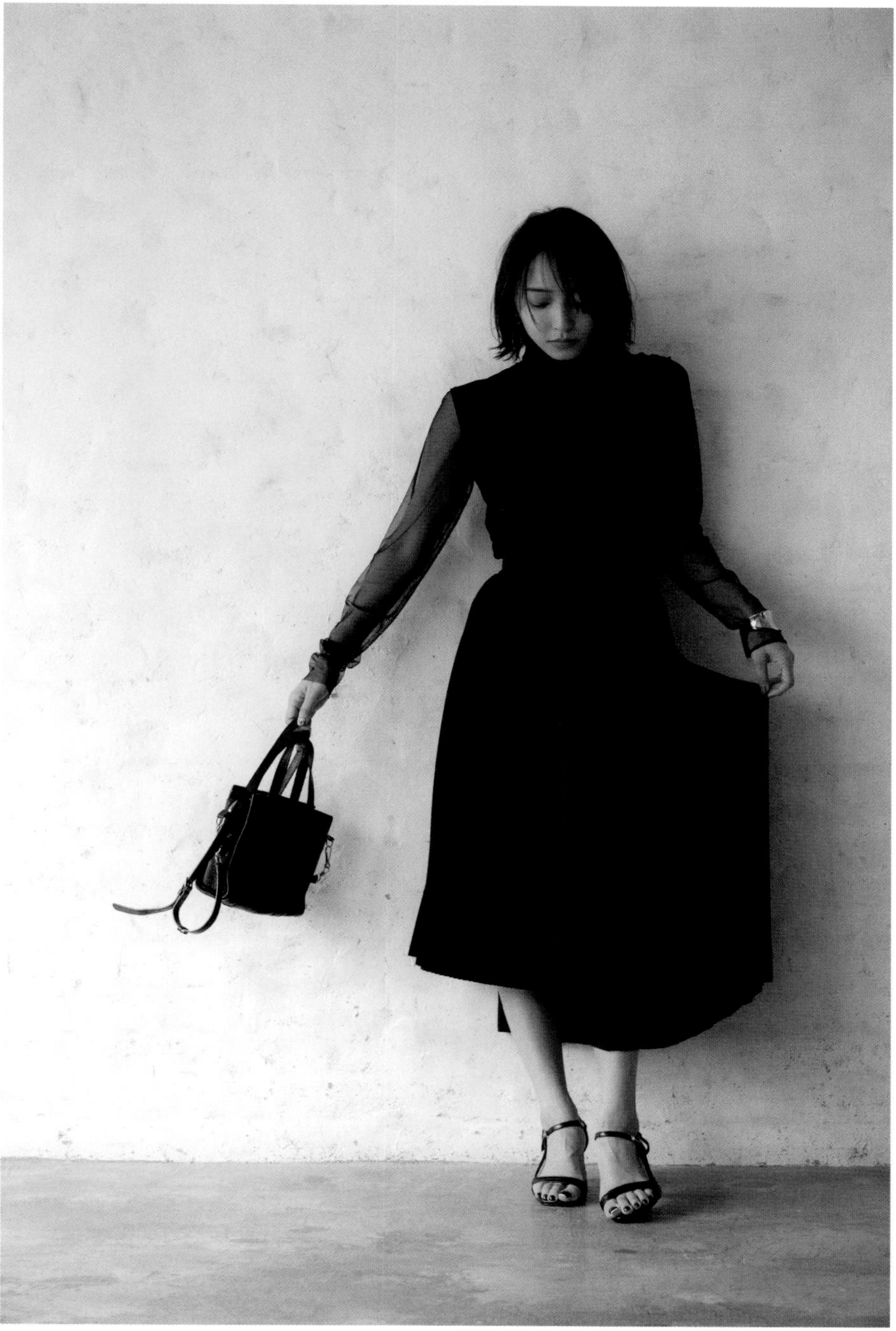

vest - **UNITED ARROWS** [11]
shirt - **MARW UNITED ARROWS** [1]
pants - **MARW UNITED ARROWS** [1]
bag - **UNITED ARROWS** [11]
shoes - **BEAUTY&YOUTH** [11]

きれいめの白コーデは
ケーブルニットでカジュアルダウン

白系のきれいめコーデに、カジュアルなニットベストを合わせました。会話が途切れた瞬間に、「あれ、いつもと違う……？」と相手をハッとさせたい。行き先は、広尾の居酒屋か三宿の焼き鳥屋さん。

ワンピースも
黒を選べば甘くなりすぎない

大人の甘めワンピースは難しいけれど、黒だったら簡単。ちょっと甘すぎるかな？ というアイテムも、黒にすると意外といけるんです。服が可愛い系なので、アクセサリーはゴールドで大人っぽく。ヘアはラフにまとめて。行き先は、中目黒のごはん屋さん。

one-piece - **STYLEMIXER**
pierce - **un known**
bag - **LONGCHAMP**
shoes - **BLACK BY MOUSSY**

MORE STYLE

SWEET BLACK, NOT TOO SWEET WHITE

「カジュアルな白」×「エレガントな黒」でMIXする

knit - **Cabana**[8]
pants - **LOEFF**[5]
stole - **BEAUTY&YOUTH**[10]
bag - **SLY**[13]
shoes - **JIL SANDER**

休日の銀座デートのイメージです。ボーダーニット×ワイドパンツという大人カジュアルに、エレガント系の黒小物を合わせました。素材やカラーで甘さを出しつつも、それを前面に出さないのがポイントです。

MORE STYLE

SWEET BLACK, NOT TOO SWEET WHITE

オール白はブラウンを効かせて甘さを控える

tops - **MURUA**
skirt - **UNITED ARROWS** [11]
knit - **UNITED ARROWS** [11]
Bangle - **PHILIPPE AUDIBERT** [8]
bag - **LONGCHAMP** [14]
shoes - **rienda** [13]

自由が丘や二子玉川デートのイメージです。エレガントだけどトゥーマッチになりすぎないよう、ブラウンでスパイスを効かせて。もしカジュアルスタイルが好きなら、ちょいコンサバに寄せるだけで「意外性」という新しいドラマが生まれます。

普段着と見せかけて優美なフレアスカートで意外性を出す

knit - **IRENE**
T-shirt - **UNIQLO**
skirt - **MOUSSY**
bag - **LONGCHAMP**
shoes - **NIKE**

気になる相手が仲のいい友だちだったら、いきなり女っぽい格好なんてできないですよね。そんなときは、スカートだけドレッシーに。動くたびに、ひらひらと優美に揺れるから、気になる相手がこれまでとは違う視線を向けてくる……かも！

Rule. 08

オール白&オール黒は

素材感でメリハリを

オール白は体のラインを拾わない服を選ぶ

夏のオール白は、素材感を重視。ハリのある素材を選べば、ボディラインを強調しすぎることもありません。涼しげで清潔感があり、誰でもトライしやすいコーデだと思います。

T-shirt - **MARW UNITED ARROWS** [1]
pants - **ZARA**
necklace - **CITY**
bag - **MM6**
shoes - **BLACK BY MOUSSY**

私は黒が大好きなので、ふと気づくとオール黒コーデになりがちです。アイテム数も多いし、お気に入りもたくさんあるので、いつの間にかオール黒になっているんですよね。ただ、全身オール黒の落とし穴は、のっぺりと重く見えやすいこと。だから、なるべく異素材アイテムを組み合わせて、単調に見えない工夫をしています。反対にオール白は、気分を変えたいときにするコーデ。汚れやすいとか、膨張色だからと敬遠する人もいるかもしれませんが、色味や素材を厳選すれば大丈夫。ベージュを混ぜたワントーンコーデも可愛いし、異素材ミックスでスタイルをよく見せることもできます。

夏のオール黒はリネン素材を主役にする

暑い季節のオール黒は、「涼しげな素材」と「肌見せ」がポイントに。リネンのトップスは、軽やかで涼しい着心地。袖から出る腕の見え方も丁度よく、暑い日にピッタリの1枚です。上下黒なので、足元はサンダルで肌見せをして、抜け感を出しています。

tops - **HYKE**
pants - **RIM.ARK**
necklace - **CITY**
bag - **RIM.ARK**
shoes - **UN3D.**

冬のオール黒は「光沢感」を必ず取り入れる

厚手の生地が多い「冬の黒」は、平面的にならないよう光沢感のあるアイテムを入れてメリハリをつけます。このコーデは、カマーバンドがついた黒のサテンパンツを主役に。黒いコートを羽織っても、素材やデザインのおかげで単調には見えません。

coat - **MARW UNITED ARROWS** [1]
knit - **MARW UNITED ARROWS** [1]
pants - **CLANE**
shoes - **RIM.ARK**

MORE STYLE

ALL BLACK & ALL WHITE

ニット×レーヨンの異素材でメリハリをプラス

knit - **Ungrid** [7]
shirt - **BLACK BY MOUSSY** [13]
pants - **RIM.ARK**
bag - **Ungrid** [7]
shoes - **Acne Studios**

異素材ミックスは、オール白にも使えるテクニック。ざっくりニットと繊細なシフォンブラウスという正反対の組み合わせを、ベージュのパンツに合わせて。色調が近いアイボリー系でまとめています。

MORE STYLE

ALL BLACK & ALL WHITE

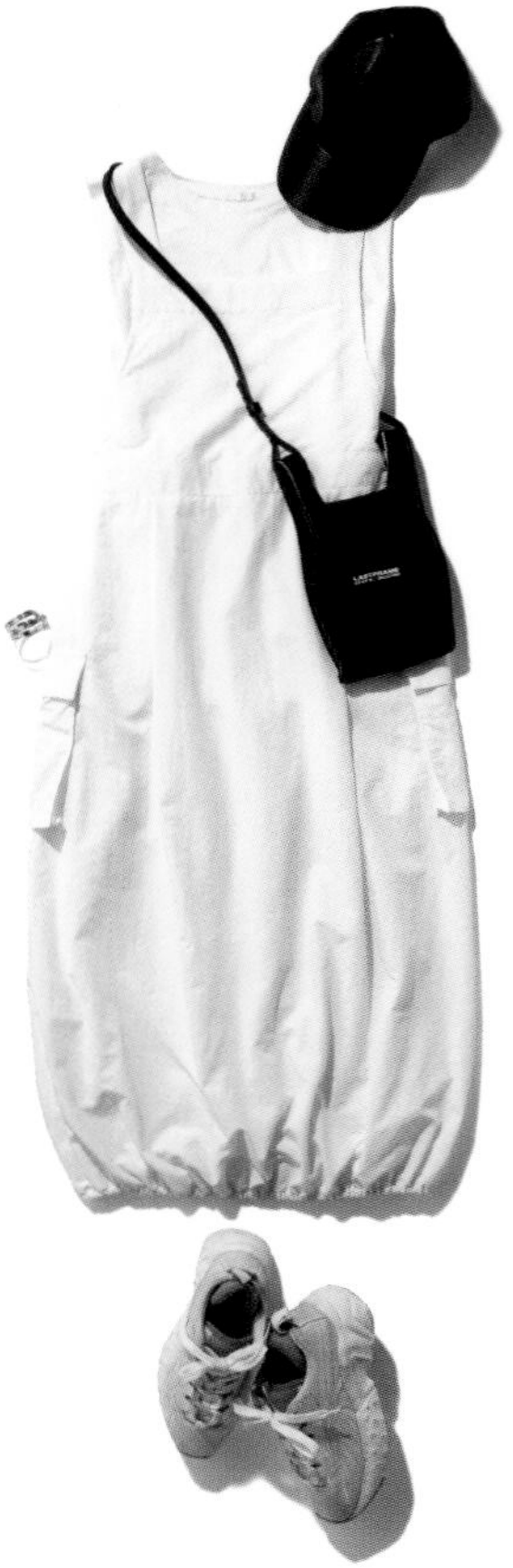

黒の小物を引き立たせる、あえてのオール白

tank - **GU**
all-in-one - **HeRIN.CYE** [13]
cap - **SLY** [13]
bag - **LASTFRAME** [11]
bangle - **Adawat'n Tuareg** [8]
shoes - **Acne Studios**

オール白のコーデだけど、実は黒が主役というコーデです。つまり、黒を挿し色にするイメージ。バルーンのオールインワンは、気を抜くとギャルっぽくなりすぎだり、子どもっぽく見えたりするので、黒の小物で引き締めて大人カジュアルに。

肩掛けニットで単純コーデに立体感を出す

T-shirt - **GU**
knit - **UNIQLO**
glasses - **金子眼鏡×UA**
pants - **RIM.ARK**
bag - **MOUSSY**
shoes - **RIM.ARK**

ただの上下黒にならないよう、肩掛けニットで立体感を出しています。夏のオール黒は「抜け感」や「肌見せ」が重要なので、フルレングスのボトムには、必ずサンダルを合わせて。シンプルな黒を、よりカッコよく着こなせます。

Rule. 09

ときには白黒以外の服を着たっていい

BLACK × BLUE

one piece - STYLEMIXER bag - FEEL AND TASTE 11

白黒ベースなら「挿し色」も失敗しない

挿し色コーデと聞くと少し難しい印象ですが、白黒服だったら"第3の色"を加えるだけで挿し色コーデが完成します。とくに黒い服は簡単。淡いブルーやピンクの小物を加えるだけでも、いつもとまったく違う表情になるんです。

週7日、白黒服で生きていける私ですが、ストイックに白と黒の服だけを着ているわけではありません。「コーデしやすい」「自分らしいスタイル」「悩まない」という理由で白黒服に行きついただけで、もちろんほかの色のアイテムも好きです。そういうときは、どうするか。3パターン以上コーディネートのアイデアが浮かんだら【買っちゃおう！】です。だから私のクローゼットには、鮮やかな色物や派手な柄物などもあります。そういう服は、白黒服のスパイスとして活躍しているので、決してムダにはなりません。ここまで読んで「白黒服っていいな」と思ってくださった方も、いままでのお気に入りは大切にとっておいて、白黒コーデにスパイスを効かせる“第２の主役”として、ファッションを楽しんでください。

BLACK × YELLOW

気分を変えたいときは、いつもと違う色を身につける

いくら白黒服が飽きないといっても、たまには違う色を着たい日だってありますよね。私もあります。とりわけ黄色は好きなので、シャツで取り入れてみました。やさしいライトイエローのシャツは、チャコールグレーのパンツと相性抜群。マルチボーダーのニットを肩にかけ、アクセントをつけています。

shirt - **MARW UNITED ARROWS** [1]
knit - **ZARA**
pants - **RIM.ARK**
shoes - **TOGA PULLA** [4]

BLACK × PATTERN

50年前の反物をリメイクした思い入れのあるスーツ

呉服店を営んでいた伯母が、50年前に反物をリメイクして作ったセットアップ。伯母に結婚祝いとして譲ってもらったものですが、とても50年前のセンスと思えないですよね。ひと目で気に入り、ドレスアップして出かける日に着ています。

knit - **MARW UNITED ARROWS** [1]
suit - **order made**
bag - **BALENCIAGA**
shoes - **Maison Margiela**

MORE STYLE

ACCENT COLOR

WHITE × DUSTY COLOR

沈みがちな「くすみカラー」は白で抜け感を作る

coat - **MARW UNITED ARROWS** [1]
knit - **AZUL BY MOUSSY** [13]
shirt - **ASTRAET** [3]
pants - **MARW UNITED ARROWS** [1]
bag - **UNITED ARROWS** [11]
shoes - **CHARLES & KIETH**

白と黒のようにパキッとした色も好きですが、その一方で、渋味のあるくすみカラーも大好き。ただ、くすみカラーだけで組むと顔色が沈むので、そういうときは白をアクセントに抜け感を作っています。

MORE STYLE

ACCENT COLOR

BLACK × FAVORITE COLOR

挿し色らしく黒とのコントラストを楽しむ

tops - **RIM.ARK**[13]
pants - **MARW UNITED ARROWS**[1]
glasses - **MOUSSY**
bag - **LONGCHAMP**[14]
shoes - **Maison Margiela**

黒の服を主役にしたいけど、合わせるパターンがなくなってきた……そんなときはボトムにお好みのカラーを取り入れてみて。顔から離れた部分なので、思いきった冒険色にもチャレンジしやすいです。

MORE STYLE

ACCENT COLOR

GRAY × NAVY

黒ジャケットを合わせて存在感を際立たせる

jacket - **theory**
tops - **RIM.ARK**
pants - **UNITED ARROWS**[11]
bag - **NOMADIS**[2]
shoes - **ZARA**

光沢感あるネイビーのパンツが主役のコーデです。真っ白を合わせると派手になりすぎるので、淡いグレーのトップスで大人っぽく。黒ジャケットも、ネイビーの存在感を静かに引き立ててくれます。

白黒コーデに合わせたい靴とバッグは、やっぱり白黒

Rule. 10

bag - **SLY**
shoes - **BLACK BY MOUSSY**

白黒コーデの大事なポイントは「素材感」。同じ色だと単調になりすぎたり、反対に白と黒のコントラストが効きすぎたりするので、小物には「変化」や「調和」の役割を果たしてくれるものを選びます。本革、合皮、メッシュ、コットン、エナメルなど、素材別に何種類か持っておくと、毎日のコーディネートがワンパターンにならないのでおすすめです。

bag - **BALENCIAGA**

私が持っているバッグや靴は、9割が「黒」または「白」。だから買い物のときに何色を選ぶかで迷うことは、ほぼありません。流行色を取り入れたコーデだと、黒のバッグや靴が重たく見えることもあるけれど、白黒コーデなら統一感がしっかり出てハマるから安心です。このバレンシアガのミニバッグは、3～4年ずっとお気に入り。レザーの光沢感がアクセントになって黒コーデが引き立つし、上下ユニクロのコーデのときもシックにまとまります。唯一、惜しむらくはブランドロゴが入っていることくらい。個人的にブランドロゴが見える小物が苦手なので、持つときはロゴが見えないように裏返しにして使っています。

FAVORITE ITEM

The Row のブーツ

「これは欲しい！」と思って、１年以上こつこつ貯金をして手に入れました。買いに行く前日に値上がりしたのはショックだったけど（笑）、そのぶん丁寧にいっぱい履いています。カジュアルにもモードにも使える１足。

FAVORITE ITEM

MOUSSY のポシェット

これ、実は10代のときから愛用しているバッグなんです。学生時代に地元のマウジーで買って、いまも現役。スタッズとフリンジがいいアクセントになるので、「もうちょっと何か欲しいな」というときに使っています。

FAVORITE ITEM

RIM.ARK のバケツバッグ

たくさん入るサイズ感と、ほどよくツヤのある素材感が気に入っていて大小２つ持っています。ミニバッグも好きだけど、仕事のときはこれくらい大きなバッグじゃないと。カジュアルにもオフィスにも使えるデザインが絶妙です。

FAVORITE ITEM

BLACK BY MOUSSY
のショートブーツ

どんなコーデにも合わせやすすぎて、今シーズン2足目を買いました。手前がいままで履いていたブーツで、奥が新品です。よく見るとファスナーの位置が変わっているのですが、まったく問題なし。まだまだ履くつもりです。

FAVORITE ITEM

DRESSEDUNDRESSED
のリュック

お手頃価格のリュックを買うと乱雑に扱ってしまいそうで、このリュックを買いました。最近は自転車移動が多いので、出番も多め。飾り気のないシンプルなデザインだから、カジュアルスタイルだけでなく、スーツやワンピースとも合わせています。

FAVORITE ITEM

Maison Margiela
のTABIブーツ

日本の伝統的な「足袋」から着想したマルジェラのブーツ。コーデの難易度が高いかと思いきや、意外とどんな服にも合わせやすくて重宝しています。気に入りすぎて、その後、同じシリーズのローファーも買っちゃいました。

ring - **TUWAKRIM**
ring - **e.m.**

白黒服にシルバーアクセ合わせが好き

ゴールドのアクセサリーに凝った時期もありましたが、白黒×シルバーがいまの気分。ブランド物への欲求はあまりなく、ZOZOTOWNで「シルバー アクセ」と検索して買うことも。気の利いたデザインで最近好きなのはe.m.(イーエム)。左下のゴツいシルバーのネックレスはマルジェラのもの。これからは少しずつ“長く使えるよいもの”を増やそうと思っています。

glasses -
金子眼鏡×UA

大事にしている思い出のアクセサリーたち

ロサンゼルスの雑貨屋さんでひと目惚れした右下の長いピアスや、母に譲ってもらった左上のピアスは、いまも大切な宝物。インスタ仲間の今村彩ちゃんにもらった黒のピアスもお気に入りです。コーデのアクセントになるメガネは、しばらく安いものを使っていたのですが、金子眼鏡とユナイテッドアローズのコラボアイテムを欲しがっていることを知ったパートナーが、今年の誕生日にプレゼントしてくれました。新しく加わった、お気に入りの１品です。

CHAPTER 2

LIFE

KANDAMA —— BLACK & WHITE

かんだま31歳
悩みながらも
こんなふうに生きてきた

Age 0 - 16

1990年4月21日、ふたり姉妹の次女
として東京・八王子に生まれる。

幼稚園の頃

この頃の夢は「安室ちゃんの横で歌って踊ること」。外で遊んでいてあごを切って縫うほどの“おてんば娘”。

七五三のとき。写真ではきれいに着飾っているけれど、歌ったり踊ったり、外で男の子と遊んだり。かなり活発な幼少期で、常にケガをしていました。将来の夢は、安室ちゃんの横で歌って踊ること。毎日家族の前で、コンサートを開催していました（笑）。

小学生の頃

歌や踊りが大好きで、安室ちゃん、あゆ、モー娘。が憧れ。小5でいきなり12キロ太るも、自分が太っている認識はゼロ。卒業式用の衣装がいろいろ入らず「私って!?」と感じたものの、すぐに忘れる。友人の家で、かくれんぼをしながらカップラーメンを食べる“わんぱく女子”時代。

場所は覚えていないのですが、キラキラした屏風の前で歌って踊っているときの写真です。ある程度大きくなると、歌やダンスは自分の部屋の雨戸を閉めきってから、誰にも見られないように練習していました（笑）。

中学生で ガチ恋＆ダイエット

それまで勉強に興味がなかったものの、はじめて頑張ったテストで好成績を収め、高校受験のための通塾を決意。そこでカッコいい塾の先生に出会い、初恋を経験。めちゃくちゃ勉強もはかどる。そして無事、志望校に合格！ 受験を終えてヒマになったため、「人生初のダイエット」を敢行。3キロ減。これも恋のパワー!?　しかしその後、先生との恋の進展はとくにナシ。恋のパワーを自分のために使い切る。

おしゃれに目覚めた高校時代

ダンス部に入り、食いしん坊の仲間たちと出会って人生初のリバウンド。ほどなくファッションへの興味が出てきて、地元のマウジーを訪問。おしゃれでキラキラしたギャルのお姉さんたち（店員さん）にハートをつかまれる。

活発で明るい 歌＆ダンス好きの少女時代

Age
17 - 22

憧れの歌手になれるかも!?

高2の終わり、友人のバイト先のカラオケ店でオーディションがあると教えてもらい、見事合格！ 音楽系の事務所に所属して歌手への夢に一歩近づく。しかし、いきなり「何キロ痩せられる？」と聞かれてショック。1か月半で7キロ落とすダイエットを強行。

高校の体育祭にて。みんなで衣装を作り、ダンスを振りつけた応援合戦で入賞！

歌手になりたいけれど……

高校を卒業し、サンリオピューロランドのミュージカルに主演。ようやく歌手の仕事に近づいたものの、体重はじわじわとリバウンド。いろいろ悩んだ末に、オーディションで受かった事務所を辞める。

モデルの友人ができ、悟る

モデルとして活躍する友人ができ、メイクや服を褒めてもらうことで【体型は服でごまかせる！】と気づく。他人と比較して落ち込む気持ちが少しずつ消えていったが、一方で、“リボ払いで服を買いすぎ地獄”も経験。

夢に手が届きそうで届かなかったティーン時代

歌よりも服が好き、マウジーが好き

心配しつつもダイエットを応援してくれたマウジーの店員さんに大感激！　行くたびにファッションアドバイスを受け、おしゃれ街道を驀《ばく》進。7キロ痩せても進展しない歌手の夢より、おしゃれのほうがずっと楽しいと感じるように。この頃の愛読書は『Popteen』。

1年遅れで入った大学。AO入試だったのに、受験票を忘れて大ピンチ！ そんなバタバタだった大学生活は、結局のところあまり馴染めず。しかし卒論を超まじめに書いたため、教授から盛大に褒められて無事卒業。

大学で「摂食障害」宣告！

過激なダイエット＆リバウンド癖がたたり、入学後の健康診断で「摂食障害」と診断されてしまう。カウンセラーの先生に「恋愛をするといいよ」と勧められ、その後、彼氏ができてカウンセリングをサボっていたのに、「明るくなったね、よかった！」と言ってもらえる。この頃から【美しさ＝体重の軽さではない】と気づきはじめる。

大学は行かなくていいと思ってた。
でも、急に行きたくなって……
それでも応援してくれた両親に感謝です。

自分が就職するなんて想定外。
バロックだから「ここで働きたい！」と思えた。

Age 23 - 31

憧れのマウジー バロックジャパンリミテッド時代

23歳、かんだま就職を決意する

細々と続けていた芸能活動に見切りをつけ、ずっと好きだったマウジーの会社「バロックジャパンリミテッド」に就職が決定。しかし数か月後には、軟式 globe の２代目 KOIKE（※１）になってしまう。きっかけは Twitter でのオーディション告知を見て「面白そう」とリプライしたこと。

2代目KOIKEを務めた軟式globe。右がパークマンサーさん。

24歳、白黒コーデの素晴らしさに気づく

大手アパレルで働く先輩たち、特に男性社員のファッション観に共鳴。自分らしい“かんだまスタイル”を模索した結果、シンプルな【白黒コーデ】に行きつく。

25歳、酒浸り生活がスタート

仕事や人間関係の悩みから、深夜まで痛飲 → 二日酔いで出社という地獄のループにハマる。それなりの仕事はするものの、生活は荒廃し、体調は最悪。思い出したくもない凄絶な暗黒時代。

27歳、YouTubeをはじめて生活が一変する

軟式 globe に加入した結果、やりたいこと（＝歌）をやるには、自分の知名度を上げなくてはいけない事実に気づき、YouTube をはじめる。同じ頃、会社からも YouTube を勧められ、とりあえず１年間頑張ろうと決意。結果、１年間で目標の 10 万フォロワーを達成して号泣。努力が報われることもあると知り、仕事にも精を出しはじめる。

30歳、会社を辞めて新ブランドの立ち上げ

アウトレット通販の売り上げに大きく貢献し、昇進＆新規事業に抜擢される。その後、結婚と仕事の区切りを期に退社。白紙で辞めたにもかかわらず、翌年、ユナイテッドアローズから新ブランドの立ち上げが決定。すべての出来事に感謝しながら現在に至る。

バロックジャパンリミテッド退職時の1枚。現在の活動も応援してくれていて、感謝しかありません。

※1）TBS『学校へ行こう!』（'97~'05年）の「B-RAP HIGH SCHOOL」で大人気だった男女ユニット。globeのパロディユニットで、メンバーはパークマンサーとKOIKE。

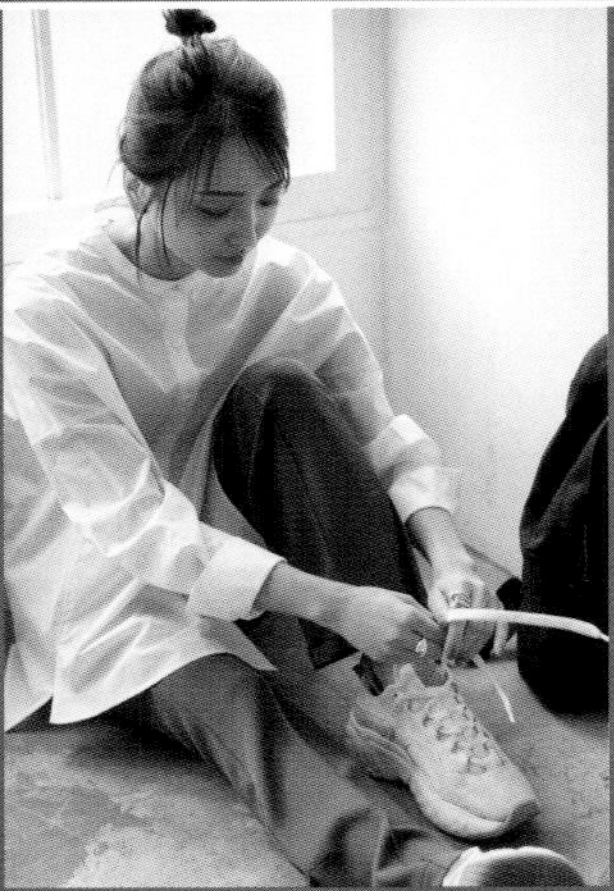

新ブランド

MARWに込めた想い

MARW
UNITED ARROWS

ＭＡＲＷは人と人をつなぐファッションコミュニティ

この度、ご縁があって、２０２１年９月にユナイテッドアローズさんよりブランドを立ち上げさせていただきました。

昨年の今頃は、こんな未来が待っているとは１ミリも想像していなかったし、モノ作りの大変さを何年間も近くで見てきたからこそ怖くもあったし、別のアパレル会社で育った私が他社でブランドを立ち上げることにも戸惑いがありました。自信も、もちろん皆無でした。でも、私を育ててくださった周囲の方々が背中を押してくださり、覚悟ができ、挑戦することに決めました。

そんなＭＡＲＷは、いままでＹ

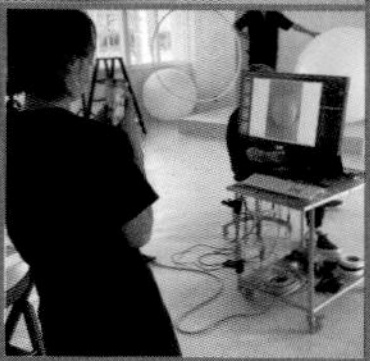

MARW

M ↓ MARU（まる）

A ↓ AN（縁）

R ↓ RING（リング）

W ↓ WA（輪・和）

ouTube「かんだま劇場」の視聴者さんからいただいた声や、私自身のライフスタイルの変化から感じている〝ちょっとした気づき〟を大切に、素材やディテールにこだわったモノ作りをしています。だから、私がディレクションするブランドではあるけれど、みなさんと同じ目線でファッションを楽しみ続け、発信し、興味を持ってもらい、みんなでファッションに触れ合う空間作りを目指しています。ブランド名も、ご縁や人と人をつなぐ輪をイメージした造語にしました。いうなれば、MARWは服を通して人と人をつなぐファッションコミュニティ。ディレクターと消費者の垣根を作らず、みなさんの声にインスピレーションを受けながら、手放したくない、時代を超えて愛されるものを届けていきたいと考えています。

CHAPTER 3

BEAUTY

KANDAMA —— BLACK & WHITE

白黒コーデを
引き立てるかんだまメイク

もっと美肌に見せたい、小顔になりたい、目をパッチリさせたい——メイクをする動機は人それぞれですが、私の場合は「服をより素敵に見せたい」が、最優先。自分の顔はさておき、白黒コーデになじむメイクのことばかり考えてきました。

白や黒、とくに黒い服は顔が目立ちやすいので、たいていは鮮やかなリップで洋服とのバランスを取っています。それと、もうひとつ重要なのが「眉毛」。リップとアイブロウのバランスこそが、白黒コーデの完成度の決め手です。メイクの仕上がりによって、その日に着る服も変わるし、着る服によってメイクも変わる。とはいえ、ガラリとチェンジするわけじゃなくて、ちょっとマスカラの色を変えるとか、シャドウの入れ方を変えるとか。その微調整を楽しんでいるので、毎日、白と黒の服ばかり着ていてもまったく飽きないのかもしれません。

眉は髪型やメイクによって変える

眉毛は毎日同じ描き方じゃもったいない。太さや長さ、色味を少し変えるだけで、メイクそのものの印象が変わるから。シャドウを何個も買うよりも、眉毛を変えたほうが圧倒的にバリエーションが出ると思っています。

眉毛の色とかたちで時代が出る

いまどき真っ茶色の細眉だったら、「え!?」って思いますよね。眉の色やかたちは、時代を写す鏡のようなもの。いまは外国人モデルのようなボサッとした眉が私のなかのブームです。かつてはエリーローズさんに憧れて、自眉を剃り落として〝たれ眉〟にしたこともあれば（不評でした・笑）、ミランダ・カーさんや石原さとみさんの眉を研究したことも。流行の色やかたちを「自分の顔に落とし込むには？」と日々、試行錯誤しています。

目元は「黒」で盛らない

アイラインやマスカラで黒を使うことは、めったにありません。なぜなら黒を着たときに、抜け感がなくなってしまうから。眉とリップを強調するメイクなので、目元は茶系で控えめに。遊び心を出したいときは、オレンジやベージュ系のカラーマスカラを使っています。

スキンケアは極力シンプルに

スキンケアは「アベンヌウオーター」「無印良品の化粧水と乳液」「馬油」の4アイテム。ほかのアイテムも使うけれど、基本的にはこれで十分だと思っています。洗顔のときはこすらず、たっぷり泡立てて。「今日もありがとう」って肌に言うんです。効果のほどはわかりませんが、丁寧さをいちばんに心がけています。

メイク道具も少なくていい

私の場合は「こういうメイクがしたい！」という目的がはっきりしているので、それを叶えるアイテムを調べたり、教えてもらったりして買い足すだけ。気に入ると、ずっと使うからアイテム数も増えません。たくさんあると管理が大変だし、毎日メイクで「どれを使おう？」と悩むのも面倒に感じてしまうタイプです。

M·A·C NARS THREE が大好き

発色のよさはもちろん、好みの色が揃っているので、「少しイメージを変えたいな」というときは、まずこの3ブランドからチェックします。持っていてテンションが上がるパッケージも好き。でも、たくさん集めているわけではなくて、ひとつ気に入ったアイテムを見つけたら、底見えするまでずっと使います。

かんだま流 毎日メイクの作り方

メイクはあまり得意ではありません。だから服に映える色やアイテムを選び、雰囲気を出すことを心がけています。ただ、黒い服は顔が際立つため、黒に対抗する個性を持つリップと、そのリップを引き立たせるメイクを施すことが理想。いまは、このメイクが自分の中での定番です。

Base

実は、完璧で隙のない肌って苦手。だから、シミやそばかすなどの欠点は隠す方向ではなく、光とツヤで飛ばす自然な仕上がりを目指しています。

1

10年以上愛用中
日本一のリピーターかも！

5点置きで下地をしっかり塗る

クリームをたっぷり手に取り、額・鼻・両頬・あごの5点にのせて、しっかりのばします。

アンブリオリス モイスチャークリーム

2

本当はベースだけど
ファンデ代わりに

顔の中心部にだけカラーベースをON

手の甲に出し、指先に取ってトントンと軽くのせていきます。首の色と差が出ないように、輪郭付近には色をのせません。

シンピュルテ スムーススフィットベース

3

カバー力が高い！

目の下にコンシーラーを少量ON

目の下の骨のあたりにコンシーラーをのせ、指でのばします。つけすぎない、目の際までのばさないのが自然に仕上がるポイント。

ディオールスキン フォーエヴァー スキン コレクト コンシーラー

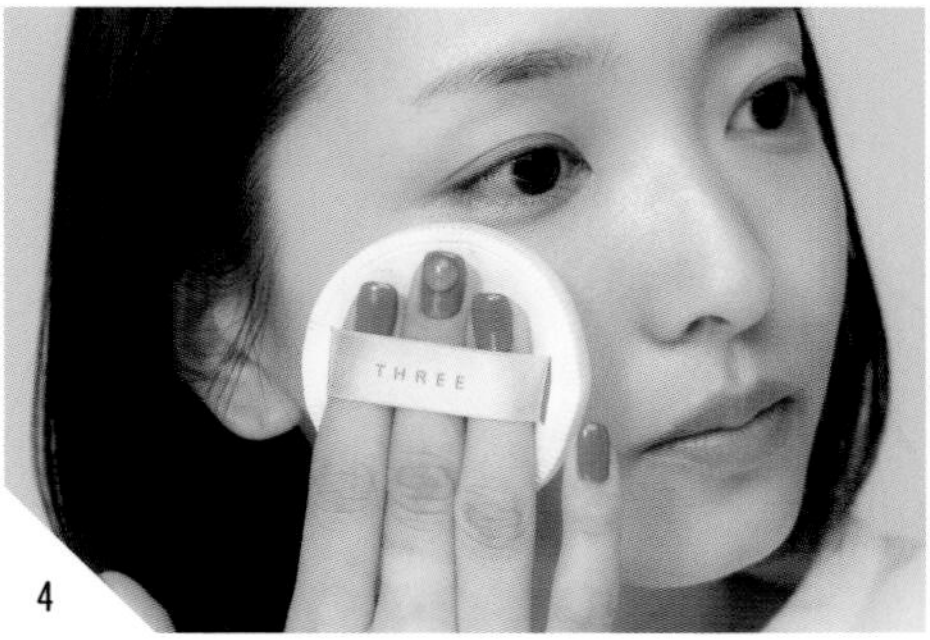

4

自然なツヤが出る！

ルースパウダーで仕上げる

「つけすぎかな?」と思うくらい、付属のパフでたっぷりのせます。THREEのパウダーは薄づきだから大丈夫。素肌感がめっちゃ出ます。

THREE アドバンスドエシリアルスムースオペレーター ルースパウダー

Eye

アイメイクは、インパクトよりも雰囲気重視で。
アイシャドウで深みのある目元を作ります。

クリームシャドウでグラデを作る

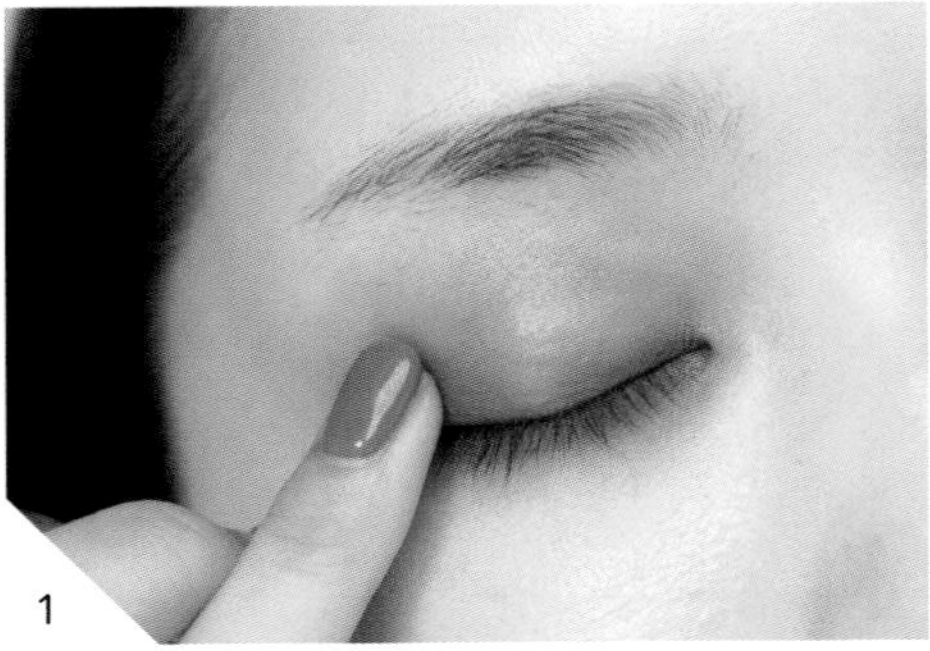

これひとつで
アイメイクに困らない！

左下の茶色を上下まぶた広く入れてから、右上の濃茶をまぶたの際、目尻寄りにチップで細くのせます。次に、左上のキラキラで眉毛とシャドウの間を埋め、黒目の上にも軽くのせて完成です。

THREE ディメンショナルビジョンアイパレットアリー 03

カラーマスカラをつける

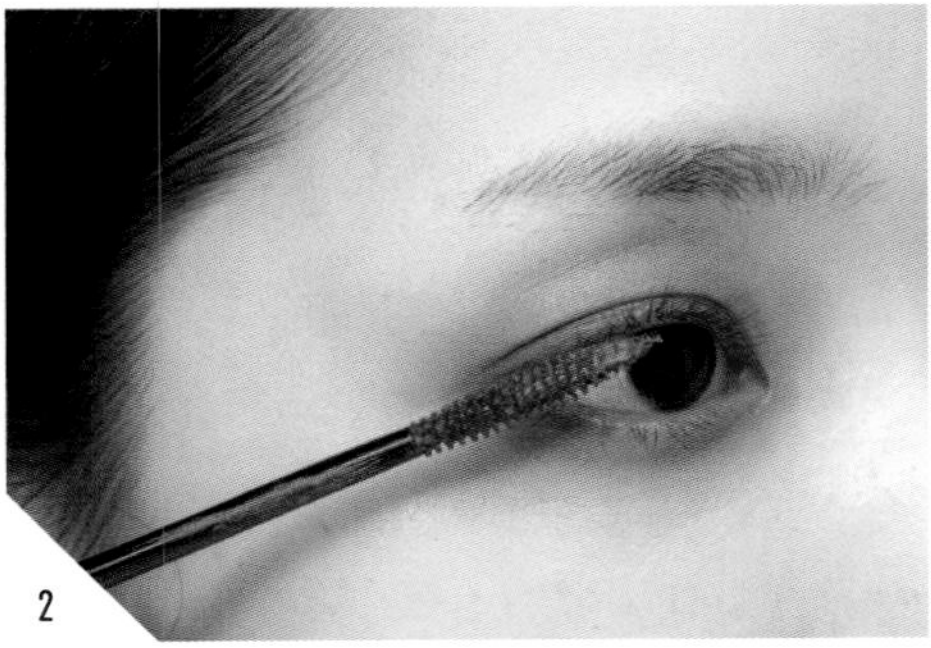

このどちらかを
使うことが多い！

マスカラは、ごく普通に根元からギザギザ塗り。UZUのコッパーかカーキを使うことが多いのですが、今回はコッパーにしてみました。

（右から）UZU MOTE MASCARA COPPER、同 MOTE MASCARA KHAKI

Eyebrow

実は目元よりもずっと重要なパーツが「眉」だと思うんです。眉だけでメイクの印象は180度変わる！ 最近は眉頭の“ボサボサ感”にこだわっています。

マスカラで眉頭の毛を立てる

眉マスカラは使いません。目元用の昔使っていたマスカラ（液が少ないのがいい）で、眉頭の毛を立てて“ボサボサ感”を出しています。

ブラシで眉の薄い部分を描く

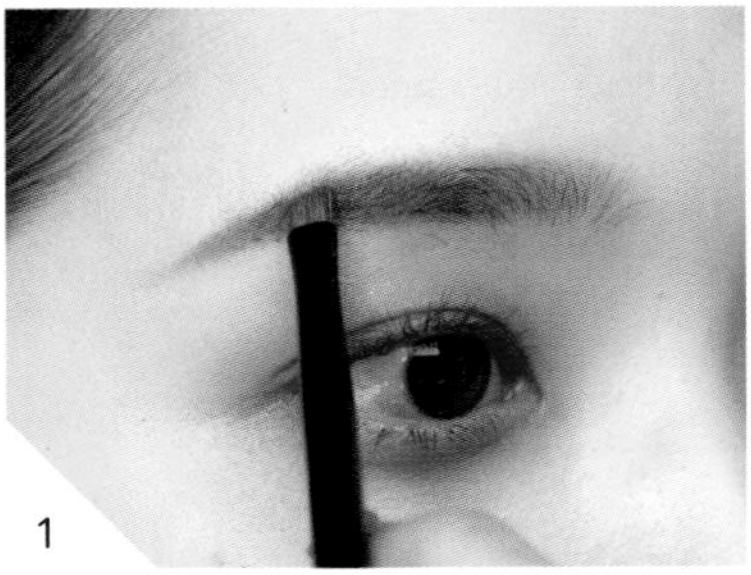

いまは髪が短いので、顔の横幅が目立たないよう眉山を少し内側に調整しています。最後にイエローを全体になじませると、より抜け感のある仕上がりに。

どちらのカラーも
使いやすい

（上から）資生堂 マキアージュ アイブロースタイリング 3D 70 ハニーブラウン、同 60 ロゼブラウン

Highlight

立体感を出すのに欠かせないアイテムです。ノーファンデだからこそ、ハイライトでしっかり光を入れます。

お母さんからの
誕プレです♡

鼻先と両頬にハイライトをのせる

目の下の三角ゾーンと鼻先にハイライトを入れます。鼻先は“ちょん”づけ。鼻筋全体に入れると、顔が長く見えるみたい。メイクが上手なYouTuberさんが言ってました。

クレ・ド・ポー ボーテ
レオスールデクラ 17

Cheek

リップの色を邪魔しないチークを選ぶのがポイント。
M・A・Cのチークは、かなりブラウン寄りで好みです。

かんだまメイクの
縁の下の力持ち

小鼻脇から平行にチークを入れる

血色感をプラスする程度に。ブラウン系のチークなので広げず、顔の正面までスライドさせて止めます。

M・A・C パウダー ブラッシュ サンバスク

Lip

メイクの主役です。黒い服は顔を目立たせるので、
パキッとした色のリップをつけてバランスを取っています。

カッコよくなる
お気に入りの1本

オーバーリップ気味に直塗り!

リップはブラシを使わず直接、オーバーサイズ気味に塗っています。最初は「茶色すぎるかな?」と思ったけれど、インスタ仲間のアヤさんが使っているのを見て、使う勇気が出ました(笑)。

NARS オーデイシャスリップスティック 9477

YouTube「かんだま劇場」にもメイク動画あります

今回紹介したメイクは定番中の定番なので、動画でも上げています。もしよかったら、こちらもチェックしてみてくださいね!

かんだまプロデュース easestyle《イーズスタイル》

リップからはじまる 白黒コーデの話

白黒コーデをより楽しんでもらいたい！　と思い、リップブランドeasestyleをプロデュースしました。カラーは全部で3色。その日の気分に合わせて、メイクとファッションをコーディネートしてみては？

洗練された“大人可愛い”を引き出すマットピンク

黒のスタイリッシュなワンピースには、大人の可愛らしさを添えるピンク系のリップが好相性。ただ単に可愛いらしいだけでなく、黒を引き立てる青みがかったピンクが合うと思うんです。

Occasion

☑ 女友だちとの会食
☑ 気になる相手とのデート

one-piece - **MARW UNITED ARROWS** [1]
shoes - **The Row**

easestyle 公式サイト
ファッション×メイク提案はこちらでも見られます！

知的な女性らしさを漂わせる
媚びないピンク

MATTE PINK
×
SOPHISTICATED STYLE

MAKE POINT

POINT 1

アイラインで目元を辛めに仕上げる

全体が甘くなりすぎないよう、目元はリキッドアイライナーを引いてクールに。シャドウは控えめにしたほうが知的に見えます。

POINT 2

マスカラは上下たっぷりと

とくに目尻側を強調すると、おっとり優しい印象に。黒マスカラは強い印象になりすぎるので、ブラウンのカラーマスカラで抜け感を出します。

強さと勇気を与えてくれる
レッドブラウン

マニッシュなパンツスタイルには、やっぱりレッド。カッコよさのなかに、かすかな大人の色気が漂うブラウンレッドがよく映えます。真っ赤ではないから、オフィスシーンにもなじみやすい。

Occasion

☑重要な会議やプレゼン
☑レセプションパーティ
☑リッチなディナー

shirt - **RIM.ARK**
pants - **MARW UNITED ARROWS**[1]
shoes - **JIL SANDER**

スタイリッシュになれる
モードなレッド

RED BROWN
×
COOL STYLE

MAKE POINT

POINT 1

囲みアイラインで強めに

囲みは古い！ と思うかもしれませんが、ペンシルライナーで淡く囲むと「意志の強さ」を演出できて、リップとの相性も完璧。

POINT 2

まぶたはカラーレス

目元を囲っているので、まぶたはカラーレスにして抜け感を出します。シャドウを使うとしても、血色感を少し加える程度で十分です。

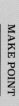

親しみやすさとヘルシーな
魅力を放つヌードオレンジ

ちょっとラフな格好やカジュアルスタイルには、飾らないヌードオレンジがぴったり。ほかの2色よりも軽やかで、遊び心を感じるリップです。こういう日は、ヘアもラフに仕上げて。

Occasion

- ☑ **駅ビルにお買い物**
- ☑ **親しい仲間との家飲み**

sweat shirt - **MARW UNITED ARROWS** [1]
shirt - **MARW UNITED ARROWS** [1]
pants - **MARW UNITED ARROWS** [1]
shoes - **UN3D.**

フレッシュな魅力を引き出す
ヌードオレンジ

NUDE ORANGE
×
RELAX STYLE

MAKE POINT

POINT 1

レッド系のシャドウをぼかす

二重のライン上にのみ、ほんのりレッド系のシャドウを入れてぼかします。こうすると自然な血色感が出て、より素肌っぽく見えるんです。

POINT 2

カラーマスカラで軽い目元に

目元は、とことん引き算！ まつ毛はビューラーのみ、またはカラーマスカラを軽くつけるだけ。服がリラックス系なので、メイクも「抜け」重視で。

モテ意識時代

初の全金髪ボブ

モード大好き時代

About Hair

ヘアについてのこだわりも少しだけ

メイクも“服ありき”の私ですが、ヘアスタイルもやっぱり服との相性が大事。ただ、メイクと少し違うのは、しょっちゅう髪型を変えること。このページを見ていただいてもわかるように、色も長さもコロコロ変えちゃう。いまはミディアムショートですが、もっと短くするのもいいかな？ と思っているところです。

アメアパ好きギャル時代

初のマッシュボブ

easestyleリリース前

ストレート

Straight

メイクや服の印象で、縦のラインを強調したほうがいいときは、ストレートのダウンスタイルに。服のテイストによって、オイルでしっとり仕上げたり、ドライヘアっぽくナチュラルに仕上げたり。同じストレートでも、スタイリング方法で少しずつイメージを変えています。

服が変わればヘアも変わる

巻き髪

Makigami

顔まわりにボリュームを出したいときは、巻き髪に。ほどよいラフさの出る、適当なミックス巻きがいまの定番です。とくに首元がすっきりしたトップスを着るときは、巻き髪＋大きめピアスで肩幅とのバランスを取ります。左のジャケットコーデは巻き髪、右のポンチョコーデは巻き髪＋大きめピアスのパターンです。

アレンジ

Arrangement

いまはミディアムショートなので、うしろで結んだり、小さくお団子を作ったりくらいしかアレンジできませんが、ピンやゴムなどの使い方、結ぶ高さ、おくれ毛の出し方などで印象は少しずつ変えられます。アクティブなイメージを出したいときや、クールに見せたいとき、首元をすっきり見せたいときなどに、アレンジをすることが多いです。

右上の白シャツコーデは、高い位置でお団子を作ってアクティブに。カラーピンで､少し可愛く。左上は、ダウンジャケットの首元をすっきり見せるためのお団子。右下もハイネックなので髪をまとめましたが、先にコテで軽く巻いてから結び、ゆるめの抜け感を作っています。

この3つの写真は、どれもオイルで髪を濡らしてからまとめたひとつ結びです。右上は、2種類の太さが違う革ひもを使って、ややフェミニンに。左上は、細い革ひも使ってモードな印象に。右下は、もっとクールな雰囲気を出したくて黒ゴムを使用。さらに前髪もオールバックにしています。

CHAPTER 4

EVERYDAY

KANDAMA —— BLACK & WHITE

毎日たのしく暮らしたい

白黒コーデに行きついた理由のひとつに「必要以上に考えてストレスを溜めたくない」という思いがあったのですが、それは日々の生活についても同じ。できるだけ楽しく、ストレスを溜めない暮らしを心がけています。

1. 部屋は居心地を重視

はじめてひとり暮らしをした際、黒い家具でそろえたら、なんだか病んでしまって（笑）。それ以降、おうちの中は適度な生活感とあたたかい空間を求めて、黒を使わないようにしています。黒は大好きだけど、服だけで十分！

2. 家具にこだわらない

気に入った家具を見つけるまでは、段ボールをテーブル代わりにして我慢……みたいなストイックさはゼロ。いまはパートナーと住んでいるので、インテリアは彼におまかせ。私にとっては家具よりも、家の動線のほうが大事です（笑）。

黒ラベルは
見た目が好み

3. 適度にお酒をたしなむ

お酒大好き！ 基本ビールですが、ソーダストリームを買ったので、手軽にハイボールを自宅で楽しめるようになりました。いまのお気に入りは「りんご黒酢ハイボール」。

靴下を選ぶのに時間をかけたくないので、無印良品とファミリーマートのお気に入りデザインで統一しています。全部同じものなら、乱雑にしまっても取り違えることがないのでラクチンです。

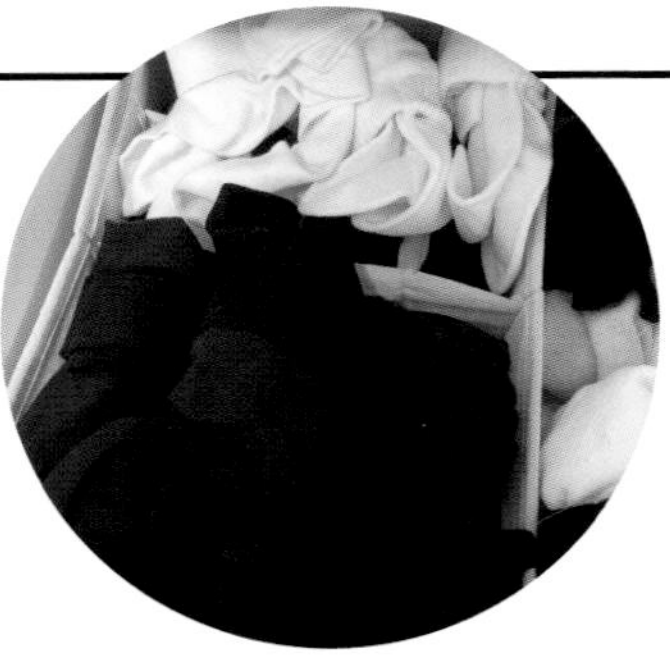

4.
靴下は同じもので統一

5.
うさまるを愛でる

キャラクターに興味がなかったけれど、最近“うさまる”にハマりまして。寝るときはいつも横に置いて癒されています。大人になって、ぬいぐるみの癒しパワーに気づきました（笑）。

6.
食器でほっこり

現在、パートナーとふたり暮らし。共働きだと一緒にいる時間は限られます。そういう方も結構多いのでは？ と思い、家族間のコミュニケーションツールとして、クスッと笑える生活雑貨を作っちゃいました（「白黒商店」https://www.munican.jp/）。

7.
植物とふれあう

最近、自宅で植物を育てています。お世話がより楽しくなるよう、植物それぞれに著名人の名前をつけて、マネージャー気分で可愛がっています。私自身もテンションが上がるし、植物もすくすく育っていて、よい感じです。

8.
料理はラクしたい

パートナーと住んでいますが、家事ははっきり分担していません。お互い仕事があるので、「料理は作れたら作る」「掃除は気づいたらやる」というスタンス。料理自体は好きだけど、手間は省きたいのでフードプロセッサーをガンガン使います。野菜のみじん切りからお肉のミンチまで、ウィーン！ってラクだし、なんだか楽しいです（笑）。

9.
あまい香りに癒される

服は白黒でスタイリッシュなものが好きだけど、香りは甘いのが好き。香水は「ミス ディオール」かシャネルの「チャンス」。チャンスは恋愛マスターの友人が、「かんだまにもチャンスが来ますように♡」と言ってくれたもの。それ以来、幸運を呼ぶ香りだと思っています。

かんだま
10年後に向けて
いま思うこと

これまでの自分の生活や仕事を振り返ってみると、20代のよくも悪くもさまざまな経験が、いまの自分をつくっていると感じます。10年後というと、私は40代になるわけですが、その未来をはっきりと想像することはできません。もしかしたら、まったく別の方向に進んでいるかもしれないし、仕事もどういうかたちで続けているかわかりません。ただ、いまの時点で言えるのは「人生がどう転んでもいいように、何事にも手を抜かない」ということ。あのとき一歩踏み出せたからいまがある。だから30代も、出会いとご縁を大事にしながらガムシャラに走り抜ける。それだけです。

まだ漠然とした目標ながら、「誰かにとって居心地のいい場所をつくる」という夢もあります。YouTubeを続けることやMARWを立ち上げたことにもつながるのですが、みんなが自分らしく、〝好き〟を叫べるコミュニティを作りたい。そして私自身も、新しいこと、周囲の人たちが発信することに刺激を受けながら成長したい。姉と一緒に「ちょっと飲めて、落ち着けて、気の合う仲間とおしゃべりができたりするお店を出すのもいいね」なんて話もしています。

10年後、全然違う未来を歩んでいるかもしれませんが、“かんだま”の活動が、誰かにとっての居心地のいい場所になっていると嬉しい——そう思っています。

あとがき

こんにちは、かんだまです。
このページにたどりついてくれて、ありがとうございます。
白黒ルール10、いかがでしたでしょうか？

もともと服への関心が低く、感覚でおしゃれできるタイプではない私が
「見るものが変わればセンスは変わる」
そう信じて勉強したり、アパレル業界に身を置くことで
気づけば完成していた、かんだま白黒スタイル。

正直お話をいただいたときは、喜びと同時に不安もありました。
私のルールで面白いかな？
大好きな白黒の魅力をしっかり伝え切れるかな？って。
でも、多くの方の協力があり、こうして形になったいま、
本当に本当に嬉しく思います。

あらためまして、この本を手に取ってくださったみなさま、
いつも私を支えてくださっているSNSのフォロワーのみなさま、
関係者のみなさま、友だち、そして家族のみんな、
本当にありがとうございます。感謝してもしきれません。

白黒コーデをひと言でいうと「即席ラーメン」です。

忙しい朝、なかなかやる気が出ないとき。
ワクワクが止まらない朝、勝負の日。
どんなときも時短で簡単に仕上がる、日々の頼もしい味方です。

そして、おしゃれとは自己表現。
正解もマズイもない。
人それぞれの感性があって、それぞれの良さがある。

自由でありながら、ときにフォローしてくれる。
言葉の代わりに自分自身を伝えてくれる。

そんな服が、ファッションが、私は大好きです。

ファッション、そして白黒を通した楽しみが、ひとりでも多くの方に伝わりますように☺
愛を込めて。

かんだま

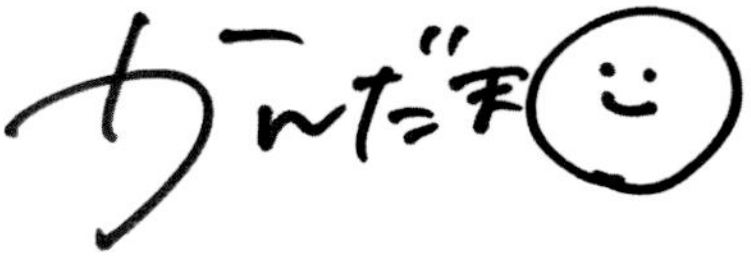

Shop Directory

1	MARW UNITED ARROWS	0120-559-652
	(ユナイテッドアローズ カスタマーサービス　土日祝・年末年始を除く10：00 - 17：00）	
2	AEWEN MATOPH YOKOHAMA	045-412-0520
3	ASTRAET SHINJUKU	03-5366-6560
4	H BEAUTY&YOUTH	03-6438-5230
5	LOEFF ROPPONGI	03-5786-0877
6	STEVEN ALAN TOKYO	03-5428-4747
7	Ungrid	03-5447-6531
8	UNITED ARROWS ROPPONGI HILLS	03-5786-0555
9	UNITED ARROWS SHIBUYA ShinQs WOMEN'S STORE	03-6418-5927
10	UNITED ARROWS SHIBUYA SCRAMBLE SQUARE	03-5774-1030
11	UNITED ARROWS SHINJUKU	03-5321-7531
12	UNITED ARROWS YURAKUCHO	03-5220-4516
13	バロックジャパンリミテッド	03-6730-9191
14	ロンシャン・ジャパン	0120-150-116

※本書に記載の情報は、2021年11月現在のものです。
商品やブランド名、店舗についての情報は変更になる場合があります。
※ブランド名の後に数字の記載がないアイテムは、すべて著者の私物です。
現在は販売されていない商品が多く含まれておりますので、
各ブランドへのお問い合わせはご遠慮くださいますようお願いいたします。

人生アドベンチャー!!

自分の気持ちを大切に

かんだま

白黒服を愛するアパレルディレクター。 新卒で入社したアパレル会社に勤めながらYouTube 「かんだま劇場」 を立ち上げ、 登録者数30万人を超える人気チャンネルに。 同アパレル会社に8年勤めた後、 独立。 2021年9月に、 アパレルブランド 「MARW UNITED ARROWS」 ブランドディレクターに就任。 等身大でいながらも、 程よいモード感のあるスタイルが反響を呼んでいる。

Instagram/twitter (@koike_weekend)
YouTube https://www.youtube.com/channel/UC9bet8Rcj620A9n_qBj4nUg

白《しろ》と黒《くろ》で垢《あか》抜《ぬ》けた
私《わたし》の10のルール

THE KANDAMA MONOTONE STYLE BOOK

2021年12月10日　初版発行

著者／かんだま

発行者／青柳 昌行

発行／株式会社KADOKAWA
〒102-8177　東京都千代田区富士見2-13-3
電話　0570-002-301(ナビダイヤル)

印刷所／凸版印刷株式会社

ISBN978-4-04-605487-6　C0077